RÉFLEXIONS

POUR

LES ACQUÉREURS DES BIENS

DITS NATIONAUX,

ET SUR

LE PROJET DE LOI D'INDEMNITÉ,

ET LES DETTES DES ÉMIGRÉS.

IMPRIMERIE DE J. TASTU,

RUE DE VAUGIRARD Nº 36.

RÉFLEXIONS

POUR

LES ACQUÉREURS DES BIENS

DITS NATIONAUX,

ET SUR

LE PROJET DE LOI D'INDEMNITÉ,

ET LES DETTES DES ÉMIGRÉS;

PAR L. DUSSON.

PARIS.

LADVOCAT, DELAUNAY, PONTHIEU,

AU PALAIS-ROYAL;

MONGIE AÎNÉ, BOULEVARD DES ITALIENS, Nᵒ 10.

1825.

RÉFLEXIONS

POUR

LES ACQUÉREURS DES BIENS

DITS NATIONAUX,

ET SUR

LE PROJET DE LOI D'INDEMNITÉ,

ET LES DETTES DES ÉMIGRÉS.

Constitutio autem divæ memoriæ Zenonis bene pros-
pexit iis qui a fisco per venditionem, aut donationem,
vel alium titulum accipiunt aliquid ut ipsi quidem
securi statim fiant, et victores existant, sive experian-
tur, sive conveniantur. Adversus autem sacratissimum
ærarium usque ad quadriennium liceat iis intendere,
qui pro dominio vel hypothecâ earum rerum quæ alie-
natæ sunt, putaverint sibi quasdam competere actiones.

Inst. de JUSTINIEN, liv. 2, tit. 6, § 14 et dernier.

———— ·◦═◦· ————

J'OUVRE les Institutes de Justinien, et les premières lignes sur lesquelles tombent mes regards
sont celles ci-dessus transcrites et qui signifient :
« Mais (c'est l'empereur Justinien qui parle) une
» constitution de Zenon de divine mémoire a

i

» pourvu comme il convenait aux intérêts de ceux
» qui reçoivent du fisc quelque chose, soit par
» vente, soit par donation, soit par tout autre titre,
» en ordonnant, en ce qui les concerne, qu'ils soient
» à l'instant en sécurité et qu'ils triomphent soit
» en demandant soit en défendant, et en ce qui
» concerne ceux qui croiraient avoir quelques ac-
» tions de propriété ou d'hypothèque au sujet des
» biens ainsi aliénés par le fisc, en leur accordant
» le délai de quatre ans pour exercer lesdites ac-
» tions contre le très-sacré trésor. »

Hé! me dis-je, voilà qui a un rapport bien direct
avec les acquisitions des biens confisqués sur les
émigrés. Examinons donc si l'application peut encore aujourd'hui en être faite, car, s'il en était ainsi,
les acquéreurs de ces biens seraient suffisamment
rassurés contre les menaces imprudentes insérées
dans certains journaux et dans certaines brochures.
Dans tous les cas, si cette disposition du droit
romain n'est pas rigoureusement applicable, elle
est toujours un antécédent, un point d'appui, auquel on peut raisonnablement s'attacher.

Mais à quoi bon cet examen, me suis-je d'abord
répondu? ce n'est pas moi qui jugerai. — Cela est
vrai, mais je possède un vieux château fort dont
il ne reste plus que deux tours habitées par des
chats-huans et quelques pans de muraille couverts
de lierre depuis que, dit-on dans le pays, il a été
démantelé sous Louis XIV dans un assaut livré à
des brigands qui s'y étaient enfermés; mais je pos-

sède la pièce de vigne qui l'environne. Ce n'est pas moi qui ai acheté ces biens. Tout ce que je sais, c'est que celui de qui je les tiens n'était pas un noble, et cependant un château, et, qui plus est, un château fort, annonce assez qu'il a appartenu à un noble. Si donc un beau matin les héritiers de ce noble ou ce noble lui-même vénaient me dire tout doucement à l'oreille : Ce château , cette vigne que vous possédez nous appartiennent , voilà nos anciens titres, il faut restituer; que leur répondrais-je? aurais-je de bonnes raisons à faire valoir devant la justice ?

Il m'importe donc de me prémunir contre une telle demande, et si je découvre de bonnes raisons qui puissent être utiles aux autres détenteurs de biens nationaux, pourquoi ne pas les leur communiquer , pour leur conserver aussi la tranquillité d'esprit que , depuis un certain temps , on cherche à troubler ?

Entrons donc en matière et analysons notre texte.

CHAPITRE PREMIER.

Les détenteurs des biens dits nationaux sont-ils aujourd'hui propriétaires incommutables (1) ?

OBSERVATIONS PRÉLIMINAIRES.

Ni la loi romaine, ni la loi française, ni le droit des gens qui a institué la propriété, ne permettent que l'on puisse transférer la propriété de la chose d'autrui, sans l'ordre ou sans le consentement de celui-ci.

Cependant, d'après le texte cité, il y avait dans l'empire romain, au temps de Justinien, exception à ce principe, à l'égard des aliénations faites par le fisc, lesquelles transféraient à l'instant la propriété sauf l'action en indemnité de l'ancien propriétaire contre le trésor public.

Toutes autres aliénations de la chose d'autrui ne transféraient pas la propriété, mais donnaient ouverture, en faveur de l'acquéreur, à la prescription de 10 ou 20 ans.

Et à défaut d'aliénation, le propriétaire qui ne

(1) On remarquera que je me fais cette question à moi-même pour la résoudre ensuite, et que je ne la rendrais pas publique si la solution était de nature à répandre l'inquiétude, puisqu'au contraire je ne rends ces réflexions publiques que dans la vue de calmer les inquiétudes.

possédait pas, ne pouvait perdre la propriété de sa chose possédée par un autre, que par la prescription de trente ans.

Comme j'ignore, en ce moment et jusqu'à ce. que j'aie examiné cette question, si le texte cité qui règle le cas de l'aliénation de la chose d'autrui par le fisc est encore aujourd'hui applicable, je dois, par précaution et pour n'omettre aucun moyen de défense en cas de besoin, examiner d'abord si le fisc français, en aliénant les biens confisqués, a aliéné véritablement ou non la chose d'autrui.

Ainsi pour résoudre la question générale que je viens de me proposer, j'ai à l'examiner sous tous les rapports ci-après :

1°. Le fisc français a-t-il aliéné la chose d'autrui ou bien sa propre chose? car s'il a aliéné sa propre chose, il en a transféré la propriété par le droit ordinaire.

2°. S'il a aliéné la chose d'autrui, en a-t-il transféré la propriété par droit exceptionnel ?

3°. S'il ne l'a pas transmise par droit exceptionnel, les acquéreurs l'ont-ils acquise par la prescription de 10 ou 20 ans ?

4°. Enfin, en supposant que le fisc n'ait fait ni vente, ni don, ni aucun autre acte translatif de propriété, et que les détenteurs actuels n'aient pas d'autre titre que leur possession, ont-ils acquis la propriété par la possession de trente ans ?

Ces questions vont faire la matière d'autant de sections.

SECTION PREMIÈRE.

Le fisc a-t-il aliéné la chose d'autrui ou bien sa propre chose ?

Il est constant que les biens aliénés avaient appartenu précédemment en partie à des émigrés, en partie à l'Église, en partie à des maisons conventuelles.

Il s'agit donc de savoir si le fisc en était devenu, depuis, propriétaire, et comment.

Il est constant aussi que les émigrés et le clergé n'en ont pas volontairement et par contrat concédé la propriété à l'État. L'État n'en serait donc devenu propriétaire que par des voies indépendantes de la volonté des anciens propriétaires.

Quelles sont ces voies ?

Je n'en découvre que deux avouées par la raison naturelle, autrement le droit des gens, c'est, l'une, l'occupation d'une chose vacante, l'autre, l'expropriation justement forcée d'une chose non-vacante.

En effet, la raison naturelle attribue la propriété d'une chose vacante à celui qui s'en empare le premier; mais, ci-devant, les seigneurs, modifiant le droit naturel à leur profit, s'attribuaient la propriété des choses vacantes, et, aujourd'hui, c'est l'État qui se l'attribue (Code civil 539 et 713).

J'examinerai, dans le § 1er ci-après, ce qui constitue la vacance et s'il y a eu vacance des biens des émigrés.

Quant à l'expropriation justement forcée d'une chose non-vacante, elle est également avouée par la raison naturelle et ôte et transfère la propriété quand elle a lieu en vertu du droit ou de la guerre. Je m'en occuperai spécialement au § 2 ci-après.

§ I⁰¹.

De la Vacance.

Un bien est vacant quand il est délaissé par le maître avec l'intention de ne plus l'avoir, et qu'il devienne la chose du premier qui s'en emparera.

Les émigrés ont délaissé leurs biens situés en France en s'expatriant, mais avaient-ils en même temps l'intention de ne plus les avoir dans leur domaine? n'en ont-ils pas retenu la possession par leurs fermiers, leurs locataires, leurs colons, et même par la seule intention ?

A cet égard, on ne peut se décider que d'après la cause et la fin de leur éloignement. Or :

La cause, c'est que des innovations s'introduisaient en France, auxquelles ils ne voulaient pas donner leur assentiment, que leur dissentiment les exposait à des dangers personnels qu'il leur importait d'éviter.

La fin, c'était tout à la fois de n'être pas contraints par la force ou l'entraînement, à donner leur consentement aux innovations, et de se sous-

traire aux périls qui pouvaient devenir la consé-
quence de leur refus.

Ainsi, semblables au navigateur qui, à l'ap-
proche d'une tempête, quitte la pleine mer et va
chercher un abri dans quelque port ou quelque
rade, jusqu'à ce que l'orage soit passé, les émigrans ne quittèrent la France que pour y rentrer
quand le calme y serait rétabli.

Il y a donc eu conservation de la possession de
leurs biens, non-seulement par les personnes qui
les détenaient pour eux, mais encore par la seule
intention.

Conséquemment, point de vacance, de délais-
sement pour toujours.

Donc l'occupation des biens ainsi délaissés n'en
a pas transféré la propriété à l'État par le droit des
gens.

§ 2.

De l'expropriation justement forcée d'une chose non vacante.

Le droit des gens ayant, comme je l'ai déjà dit,
institué la propriété des choses, a voulu et veut,
par cela seul, que cette propriété soit respectée.

Mais si la propriété des choses est reconnue
par le droit des gens, ce droit reconnaît encore
davantage la propriété des personnes et le respect
pour l'indépendance et l'intégrité des personnes,
et des facultés que la nature leur a données. En

sorte que, dépouiller sans droit quelqu'un de sa chose, c'est violer le droit des gens ; mais porter injustement et sans cause avouée par la raison, atteinte à l'existence entière ou partielle de la personne, ou la priver de l'usage de ses facultés naturelles, c'est doublement violer la propriété de la personne. C'est d'abord la violer, en ce que cette personne est privée totalement ou en partie de son être, et c'est la violer encore en ce que cette personne ne pouvant plus user d'elle-même, est privée de la faculté d'acquérir des biens par son travail et son industrie.

D'une autre part, si je vous livre une chose qui m'appartient, sous la condition que vous m'en livrerez une autre en échange, et que, cependant, vous reteniez la mienne sans me livrer la vôtre, vous violez mon droit de propriété.

Dans tous ces cas, il est évident que la force doit venir au secours de celui qui est victime d'une violation de sa propriété, et que l'emploi de cette force est une action légitime.

Il est évident aussi, que si les hommes n'étaient pas organisés en société, et n'avaient pas des juges institués par la majorité, celui qui aurait été victime d'une iniquité ne pourrait que proposer à son adversaire de déférer le jugement de leur différend à un tiers, mais que si l'adversaire s'y refusait, ou s'il n'y avait pas de tiers, ou si le tiers ne voulait pas être juge et réunir sa force à celle du plaideur ayant raison, le plaignant serait réduit à se faire justice par lui-même, et que la raison ne pourrait blâmer en lui l'emploi de la force, s'il n'en usait que dans les limites d'un juste intérêt. Et c'est précisément ce qui arrive de peuple à peuple, parce que les peuples n'ont pas de peuple-juge au-dessus d'eux, et que si une puissance tierce n'intervient pas comme médiatrice, il faut nécessairement que le peuple offensé, s'il veut obtenir réparation, fasse la guerre à son adversaire.

Mais les hommes étant organisés en société, si le juge institué reconnaît la violation de la propriété de l'un des plaideurs par l'autre, et condamne celui-ci à la réparer, et qu'il (le débiteur) ne le fasse pas volontairement; il est évident que ses biens peuvent être aliénés malgré lui, et qu'en ce cas, l'acheteur, même si c'est l'offensé, en devient à l'instant propriétaire, quoique le propriétaire désavoue, car une volonté juste et forte est légalement substituée à la volonté injuste du débiteur, et en même temps ne fait réparation au plaignant que dans les limites de son juste intérêt.

Mais si un individu qui en a lésé un autre encourt par là justement l'expropriation forcée de ses biens, il est évident qu'à plus forte raison il doit l'encourir aussi pour la lésion qu'il aurait faite à la société entière.

Avant d'examiner si et comment ces principes étaient applicables aux émigrés, il convient d'abord de reconnaître s'ils appartenaient à la société qui a prononcé contre eux la confiscation de leurs biens, ou s'ils étaient devenus, par leur émigration, étrangers à cette société.

Or, il est constant qu'ils n'ont pas cessé d'être Français, d'abord parce qu'ils n'ont pas formellement manifesté leur volonté de renoncer à la société française, pour se naturaliser en pays étranger, ensuite parce qu'ils ont fait tous leurs efforts pour y rentrer, et qu'effectivement, tous ceux qui n'ont pas péri hors de France y sont ensuite rentrés, ce qui prouve très-évidemment qu'ils ne s'en sont éloignés qu'avec l'esprit de retour.

Ceci étant posé, il s'agit à présent de savoir si, ayant désavoué et improuvé la révolution et ses innovations, ils peuvent nier que ses lois aient pu les atteindre.

A cet égard, il n'y a pas de milieu, ou les émigrés appartenaient encore à la société d'hommes qui habitait le sol renfermé par la Méditerranée, les Pyrénées, l'Océan, la Manche, les Pays-Bas, le Rhin et les Alpes, ou ils ne lui appartenaient plus.

S'ils lui appartenaient, la forme de gouvernement, les institutions et les lois adoptées par la majorité des membres de cette société, ou auxquelles la masse se soumettait et obéissait, obligeaient aussi les émigrés, quelque vicieuses que ceux-ci les trouvassent ou qu'elles pussent être effectivement, parce que, sans doute, l'émigration formait la minorité, et que, non-seulement

la minorité ne peut, raisonnablement, faire la loi
à la majorité, mais qu'encore elle doit se soumettre
à la loi de la majorité. Ce principe est trop trivial
pour avoir besoin d'être démontré. La minorité a
beau trouver injuste ou vicieux ce que veut la majorité, elle peut bien ne pas l'approuver, le dé-
sapprouver beaucoup, protester même contre,
mais elle ne peut se dispenser de l'exécuter parce
que la raison est toujours présumée être du côté
du plus grand nombre. Autrement il n'y aurait
plus de société si un seul individu, se croyant plus
sage ou plus juste que tout le reste de sa nation,
pouvait impunément en braver les volontés. Il s'est
fait depuis quelque temps bien des innovations en
France, elles ont rencontré bien des désapproba-
teurs, bien des opposans, même des protestations,
mais malgré cela ne s'y soumet-on pas? et si la loi
d'indemnité passe et est sanctionnée, ses détrac-
teurs seront-ils fondés à se soustraire à son exécution? Je ne le pense guère.

Puis donc que les lois du nouveau système de
gouvernement introduit en France obligeaient,
bon gré mal gré, les émigrés français; voyons à
présent si, comme membres de la société française, ils ont encouru justement l'expropriation
forcée de leurs biens pour lésion faite à cette
société.

1°. Une société politique est tout comme une
société privée. La société entière doit protéger la
personne et les biens propres de chacun de ses

membres, mais aussi chaque membre doit contribuer de sa personne et de ses biens à la conservation du corps social et de la fortune commune.

Or, sous ce premier rapport, les émigrés ont-
ils voulu contribuer au paiement de la dette publique? l'histoire me répond non. Ont-ils consenti
à contribuer, par la présence de leurs personnes,
au maintien et au salut du corps social? l'histoire
me répond qu'ils ont quitté la France, et qu'ils
n'ont pas voulu y rentrer. Je conçois qu'ils avaient
conçu des craintes pour leurs personnes, mais en
sauvant leurs personnes ils laissaient le corps social
en danger, et dès-lors n'acquittaient pas leur dette
envers la société. Si donc ils ont préféré le salut de
leurs personnes et la conservation de leurs biens
propres au salut du corps social et de la fortune
publique, ce n'est pas une raison pour que, n'ac-
quittant pas leur dette envers la société, celle-ci ne
se soit pas justement payée par ses propres mains.

2°. S'il y avait eu de la part des émigrés violence
contre la société pour appuyer un système politique et des prétentions que les émigrés regar-
daient comme légitimes et les seuls légitimes, je
me dis toujours que, quelle que pût être la légitimité de ce système et de ces prétentions en eux-
mêmes, cependant, à l'égard de la grande société
contre laquelle cette violence aurait été dirigée,
c'était l'opposition armée de la minorité contre la
majorité, que la minorité étant toujours présumée avoir tort, la majorité a dû regarder cette

opposition offensive, comme une lésion tendant à
la destruction du corps social, et que, si l'acquisition de toute la terre ne peut compenser pour un
individu la perte de son existence, le corps social
n'a pu voir qu'une faible indemnité de ses dangers
et de ses plaies dans l'acquisition des biens de ceux
qui l'atteignaient ainsi et voulaient le détruire. Ce
besoin de la conservation est encore aujourd'hui
tellement considéré comme devant l'emporter sur
de moindres intérêts, qu'il a servi de motif à l'intro-
duction de la septennalité dans la chambre élective,
et a fait décider que bien que la Charte prescrivît
le renouvellement annuel et par cinquième, de
telle sorte qu'il y avait élection chaque année et
qu'un député ne l'était que pour cinq ans, cependant l'intérêt de la conservation de la chambre devait l'emporter sur des dispositions non essen-
tielles et purement réglementaires de la Charte, et
faire admettre le renouvellement intégral et sep-
tennal.

– A présent que j'ai considéré les émigrés comme
membres de la grande société française, je vais
les considérer comme quittant cette société pour
n'en plus faire partie. Le peuvent-ils sans subir
justement une perte de biens ?

D'abord, j'ai lu quelque part, qu'au temps de
la féodalité, un vassal qui désertait la terre de son
seigneur pour aller demeurer ailleurs, ne pouvait
emporter que sa personne et laissait au seigneur
tous ses biens.

Ensuite, je remarque qu'aujourd'hui-même celui qui a été admis à vivre dans une communauté et qui veut ensuite la quitter, ne peut rien enlever de ce qu'il y a apporté.

Ensuite, je vois dans le droit romain, novelle 22, chap. 5, que celui des époux qui voulait quitter la société de l'autre époux pour se livrer à la vie monastique était obligé de laisser une consolation à l'autre, et que les dons matrimoniaux faits à celui-ci étaient maintenus. Je vois aussi dans notre code civil, art. 299, 300 et 301, que celui des deux époux qui rompt la société conjugale par son fait, encourt des indemnités pécuniaires en faveur de l'autre.

Je vois dans les Institutes de Justinien, Liv. 3, Tit. 26, § 4, que celui des associés qui se retire intempestivement de la société est obligé de faire participer ses associés aux avantages qu'il s'était promis de recueillir seul sans pouvoir participer lui-même aux profits advenus à ses associés depuis sa renonciation, et je vois par les articles 1869 et 1870 du Code civil qu'une renonciation intempestive ou de mauvaise foi n'est pas admise, et conséquemment que si l'associé se refuse à remplir ses obligations envers la société, il est passible de dommages et intérêts.

Si donc la retraite d'un associé donne lieu à des indemnités et à une perte de biens, surtout quand cette retraite est faite à contre-temps, et il est évident que les émigrés se sont retirés à contre-temps puisque c'est au moment où il fallait payer les dettes communes, la société n'a-t-elle pas eu le droit de retenir leurs biens soit pour s'indemniser du tort que cette retraite allait lui causer pour l'avenir, soit afin d'acquitter la part des émigrés dans les dettes déjà faites ?

A présent les voilà retirés de la société française. Ils se considèrent et je les considérerai aussi comme un peuple à part, puisqu'ils ne reconnaisssent ni le système de gouvernement, ni les lois, ni les gouvernans de l'ancien peuple, qu'ils n'en habitent pas même le territoire; qu'ils reconnaissent et ne veulent reconnaître que d'autres lois et d'autres chefs.

Dans cet état, une guerre se déclare. Une armée étrangère dans laquelle s'incorpore le peuple de Français dissidens commence les hostilités contre l'ancien peuple français. Voilà donc une guerre de peuple à peuple. Voyons quels seront les effets de cette guerre quant aux biens des émigrés français, qui étaient inhérens au sol français, car, comme je l'ai déjà fait remarquer, la guerre est un des moyens d'acquisition avoués par le droit des gens.

En effet Justinien, dans ses Institutes, Liv. 2, Tit. 1er. § 17, dit que nous devenons propriétaires, par le droit des gens, de tout ce que nous prenons à l'ennemi dans la guerre, et même de la liberté des prisonniers. Domat, dans son traité du Droit public (1) nous enseigne la même doctrine.

(1) Liv. I, tit. 6, sect. 1, art. 4; et sect. 3, art. 5.

Ce principe est donc de tous les temps, et en effet il est observé encore aujourd'hui dans toutes les guerres, sauf quant à la liberté des prisonniers depuis que le christianisme a appris aux hommes à respecter dans l'homme ce qui en constitue toute la dignité.

Ainsi, ce que l'armée prend à l'armée, au peuple ennemi, en places fortes, munitions, territoire, réquisitions, ce que le soldat prend au soldat, tout cela est acquis légitimement par droit de guerre, et ne cesse d'appartenir que lorsqu'il est repris ou doit être restitué par une condition de la paix. Cette acquisition est tellement légitime, qu'après la paix conclue, si celui qui a ainsi perdu sa chose la reprenait, il commettrait un vol ou une usurpation, et que s'il se refusait à payer les indemnités de guerre stipulées dans le traité de paix, il serait coupable d'iniquité et mériterait justement qu'on lui fît une nouvelle guerre plus sévère.

En effet, la raison veut qu'il en soit ainsi : tant pis pour le vaincu qui a essuyé des pertes, qui a souscrit à des conditions dures pour se soustraire à un plus grand mal, il faut qu'il exécute le traité de paix, ou bien il viole la transaction, le droit des gens. Autrement il n'y aurait jamais de paix, mais seulement des trèves, et le vainqueur, ne pouvant compter sur la foi du vaincu, abuserait de la victoire au grand détriment de l'humanité, il tuerait ou emmènerait en esclavage le vaincu

2

pour le mettre dans l'impossibilité de reprendre les armes, il garderait le pays occupé pour n'avoir pas à le conquérir de nouveau.

Il suit de-là que l'ancien peuple français, en s'emparant des possessions du nouveau peuple, incorporées au sol français, en est devenu propriétaire par droit de guerre et que ces possessions n'ont pas cessé de lui appartenir si elles n'ont pas été reprises durant la guerre, ou si un traité de paix n'en a pas imposé la restitution. Or :

Il est constant que ces biens n'ont pas été repris.

Il est constant aussi : 1° que la paix faite avec les alliés de l'émigration n'a pas imposé à l'ancien peuple français l'obligation de restituer ces biens ou d'en payer la valeur; 2° que les paix faites partiellement et successivement avec les émigrés rentrans et rayés de la liste des émigrés leur ont au contraire imposé pour condition de respecter les lois et sénatus-consultes qui déclaraient inviolables les aliénations nationales, et qu'on ne leur a rendu que les biens non aliénés; 3° qu'enfin en 1814, la paix faite avec le très-petit nombre de ceux qui n'étaient pas encore rentrés jusqu'alors, paix insérée dans la Charte, paix stipulée par le seul chef qu'ils reconnussent légitime, renferme en termes exprès le maintien des aliénations fiscales, et dès-lors, de la confiscation quant aux biens aliénés.

Il est donc incontestable que le fisc était devenu propriétaire des biens confisqués; qu'il y a eu, à son profit, expropriation justement forcée de toutes manières; que conséquemment il n'a pas aliéné la chose d'autrui, et en a transféré la propriété aux acquéreurs par le droit ordinaire.

SECTION DEUXIÈME.

A défaut de transmission de la propriété par le droit commun, le fisc l'a-t-il transmise par un droit exceptionnel?

Je rentre dans le texte cité qui règle le cas où le fisc a aliéné la chose d'autrui, et veut que l'acquéreur soit en sécurité et triomphe soit en demandant soit en défendant, sauf l'action du propriétaire contre le trésor public.

C'était là un véritable privilége du fisc, puisque ce droit faisait exception au droit commun; mais était-ce un privilége arbitraire? Il me semble qu'il est basé sur des raisons plausibles qu'avait très-bien senties Zénon, et que Justinien approuve fort par ces mots *benè prospexit* et par la constitution semblable qu'il a faite relativement aux aliénations de sa maison et de celle de l'Impératrice; mais ces raisons ne sont pas expliquées dans la constitution de Zénon ni dans celle de Justinien que l'on trouve au Code romain, Liv. 7, Tit. 37, Lois 2 et 3. Seulement il y est dit que c'est une *justice* due aux acquéreurs. En quoi donc est-ce une justice? il est facile de le deviner.

1°. En ce qui concerne le fisc, ce ne peut être que par erreur qu'il aliène la chose d'autrui, tandis qu'un simple particulier pourrait l'aliéner de mauvaise foi.

2°. Un particulier qui vend la chose d'autrui est tenu de faire jouir l'acheteur ou de l'indemniser de l'éviction, et il est rare que la revendication et la garantie n'entraînent pas des procès et des dommages et intérêts plus ou moins dispendieux, plus ou moins considérables, selon que la chose a passé en un plus ou moins grand nombre de mains. Le vendeur supporte le tout, lui seul s'en ressent, le reste de la société n'en souffre pas ; mais s'il en était de même des aliénations fiscales, tout retomberait sur le trésor public et viendrait conséquemment au détriment de toute la société.

3°. Il importe à l'État de ne pas manquer de foi avec ceux qui contractent avec lui et que ceux-ci puissent compter sur ses actions comme infaillibles et irréfragables. Autrement personne n'oserait contracter avec le fisc qui, le plus souvent, n'a pas de titres de propriété. Des particuliers ne peuvent pas juger si le fisc est légitime propriétaire, tandis qu'ils le peuvent en traitant avec d'autres particuliers. On achète donc du fisc avec confiance et les yeux fermés.

4°. Le fisc est toujours solvable et capable de rendre à celui à qui il est dû. Le propriétaire évincé par le fait du fisc n'est donc pas dans la nécessité de reprendre sa chose pour ne pas tout perdre.

5°. Enfin le fisc ne vend jamais que ce dont il est déjà en possession; ce qui est un préjugé de propriété en sa faveur, et l'acheteur le croit de bonne foi propriétaire, tandis qu'un simple particulier pourrait aliéner un bien qu'il ne possède même pas.

Il est donc tout à la fois de l'intérêt public, de l'intérêt de l'acquéreur, que la vente vaille, sans que le propriétaire dépouillé ait intérêt à l'empêcher. Il n'y aurait dans son opposition qu'une pure fantaisie qui ne peut raisonnablement prévaloir contre l'intérêt réel de l'État, car la raison naturelle, en constituant le droit de propriété, permet cependant une modification à ce droit quand la raison civile l'exige. Aussi l'article 545 du Code civil modifie-t-il le droit de propriété quand il s'agit de l'utilité publique; aussi ce même Code (art. 544), quoique le droit de propriété emporte, en général, celui de disposer de la chose de la manière la plus absolue, ne permet cependant pas d'en disposer d'une manière nuisible à la société.

On peut donc dire qu'il n'y a pas de raison pour ne pas appliquer encore aujourd'hui la disposition du droit romain, parce qu'elle repose sur des motifs qui sont de tous les temps.

Conséquemment le fisc français, en le supposant non propriétaire des biens qu'il a aliénés, en aurait cependant conféré à l'instant la propriété sauf l'indemnité.

Mais le fisc avait un titre de propriété, un titre irréfragable parce que c'était une loi, un jugement public et souverain, non susceptible d'opposition ni d'appel. Il n'aurait donc pu n'être pas proprié-

taire qu'en ce sens que la confiscation n'aurait pas
été méritée, en un mot, dans le for de la conscience
seulement. Or :

De même qu'un créancier inique, à qui il ne
serait véritablement rien dû, mais qui cependant,
abusant d'un titre, aurait fait vendre les biens de
son débiteur supposé, s'en serait rendu lui-même
adjudicataire par un jugement ayant la force de la
chose jugée, et les aurait ensuite vendus à un tiers,
ne pourrait plus, avouant son iniquité, porter ainsi
atteinte au droit acquis au tiers acquéreur, mais
seulement indemniser sa victime.

De même aussi les émigrés, s'ils se croient injustement dépouillés, doivent reconnaître que
l'étant par un jugement suprême, une loi enfin,
les tiers qui ont contracté avec le fisc, au sujet des
biens confisqués, ont des droits acquis auxquels la
conscience de l'État ne peut porter atteinte. L'État
ne peut qu'indemniser l'exproprié.

SECTION TROISIÈME.

A défaut de propriété acquise immédiatement,
les acquéreurs ne sont-ils pas devenus propriétaires
par la prescription de dix à vingt ans ?

Je vais maintenant supposer que les acquéreurs
n'ont pas acquis la propriété immédiatement, et
alors ils se trouvent dans la position de tiers possesseurs. Voyons si dans cette position ils ne sont

pas devenus propriétaires par la possession paisible et continue de dix à vingt ans.

La loi civile romaine a introduit le mode d'acquisition que l'on appelle *prescription*. Il est l'effet d'une possession plus ou moins longue, selon la nature mobilière ou immobilière de la chose possédée, et selon la bonne ou la mauvaise foi de la possession.

Cette prescription était de dix ans en faveur du possesseur de bonne foi quand le véritable propriétaire demeurait dans la même province et de vingt ans quand ce propriétaire demeurait hors de la province. Cette législation a été suivie en France jusqu'à la promulgation du Code civil, et l'article 2265 de ce Code l'a sanctionnée pour l'avenir, en sorte qu'à l'époque des aliénations des biens confisqués elle était en vigueur et observée comme aujourd'hui.

Il faut, pour que cette prescription puisse s'accomplir en faveur des tiers : 1° qu'ils soient acquéreurs par juste titre, c'est-à-dire par achat, donation, échange, etc.; 2° que l'acte qui constate cette aliénation, soit régulier sous le rapport de la forme; 3° que l'acquéreur soit de bonne foi, au moment de l'acquisition ; 4° qu'il ait possédé durant dix ou vingt ans selon que le véritable propriétaire était présent ou absent ; 5° que cette possession n'ait pas été troublée.

Voyons donc si les acquéreurs réunissent ces conditions.

Ils remplissent la première parce qu'ils ont possédé en vertu d'achat, qui est un mode d'acquisition établi par le droit des gens et reconnu par le droit civil : ce qui constitue le juste titre.

Ils remplissent la seconde parce que leurs titres sont des actes de l'administration publique, dans la forme établie par la loi pour les aliénations fiscales.

Ils remplissent la troisième, en ce que, une loi ayant attribué la propriété à l'État, les acquéreurs ont dû croire l'État propriétaire.

Ils remplissent la quatrième, en ce que, depuis leur acquisition, ils ont possédé tant par eux-mêmes que par leurs successeurs jusqu'à ce jour et conséquemment durant plus de vingt ans.

Enfin ils remplissent la cinquième, en ce que cette possession a été continue, qu'elle n'a été troublée par aucun fait, aucun acte propre à suspendre ou interrompre le cours de la prescription d'après la loi.

Il est vrai car il faut tout prévoir, la loi romaine n'admettait pas la prescription en faveur de tiers quand son vendeur avait possédé par violence.

Mais il faut distinguer la violence privée de la violence publique et légale. Celle-ci n'est pas violence. D'ailleurs y a-t-il eu violence de la part de l'État? Non. Il n'en a pas eu besoin, les propriétaires avaient déserté la France, il n'y a eu aucune opposition à l'occupation.

Ainsi les acquéreurs seraient, tout au moins, dévenus propriétaires par la prescription de vingt ans.

A défaut de la prescription de vingt ans, celle de trente ans ne leur est-elle pas acquise?

Supposons enfin que les détenteurs actuels aient été, eux ou leurs devanciers, non des acquéreurs de bonne foi, mais des possesseurs de mauvaise foi, c'est-à-dire qu'ils aient pris possession, sans violence, des biens qu'ils savaient appartenir à autrui, et voyons si, dans cette condition, ils sont aujourd'hui propriétaires par la prescription de trente ans.

Je commence par leur accorder la non-violence, parce qu'en effet ils n'ont pas employé la violence pour posséder. On les a mis en possession, ils y ont été mis par l'autorité publique et sans aucune résistance. Quelle prise de possession est plus exempte de violence que celle qui a lieu non-seulement sans opposition, mais encore avec l'assentiment de la loi, et sous les yeux, avec le concours des magistrats? Or, s'ils ont commencé à posséder sans violence, la prescription de trente ans a commencé à courir à l'instant même en leur faveur. Code civil, art. 2233.

Mais il ne faut pas posséder précairement, il faut posséder en maître, *animo domini.*
- Or, ils n'ont pas possédé précairement puisqu'ils n'ont pas possédé comme fermiers, locataires, co-

lons, usufruitiers, mandataires ; ils ont possédé en maîtres, puisqu'ils ont agi en leurs propres noms et pour leur propre compte dans tous actes d'administration et d'aliénation, qu'ils ont été imposés et ont acquitté les charges publiques en qualité de maîtres et propriétaires.

A présent, ont-ils possédé paisiblement et sans trouble jusqu'à ce jour? La réponse à cette question se trouve dans la section précédente.

Enfin ont-ils possédé trente ans? A cet égard il faut distinguer; la plupart des premiers acquéreurs ont revendu à d'autres, en sorte que les seconds acquéreurs n'ont besoin que de la prescription de dix à vingt ans. La prescription de trente ans ne serait donc nécessaire qu'à ceux des premiers acquéreurs qui n'ont pas revendu, ou à ceux des seconds acquéreurs dont les titres seraient nuls par défaut de forme. Hé bien, pour les uns comme pour les autres, la prescription de trente ans est acquise aujourd'hui parce qu'il y a aujourd'hui trente ans que les premières prises de possession ont eu lieu.

Conclusion de ce premier chapitre.

Il me semble donc que les détenteurs de biens dits nationaux, sont aujourd'hui inattaquables sous tous les rapports.

J'ai fait toutes les concessions, toutes les suppositions contraires à la cause de ces détenteurs. J'ai successivement lâché le terrain et les bonnes posi-

tions et tout cela sans danger pour eux. Ils trouvent dans cette cause une force invincible. Mais une
position que je ne quitterai pas, c'est mon vieux
castel; un terrain que je ne lâcherai pas, c'est ma
pièce de vigne.

Tout ce que j'ai dit des acquéreurs s'applique
non-seulement à ceux qui ont acheté ou reçu en
échange, mais aussi à ceux à qui il a été fait don
par l'État; non-seulement aux individus, mais
aussi aux êtres collectifs, aux établissemens d'utilité publique, tels que les communes, les hospices,
les maisons de charité, les colléges, etc., parce
que ces êtres collectifs ont des biens et des intérêts à eux propres, indépendans de ceux de l'État,
et que, conséquemment, ils sont des tiers par rapport à l'État, aux émigrés, aux églises et aux
couvens.

Puis donc que les détenteurs sont propriétaires
d'après les lois et le droit, et puisque ce qui est
déjà à nous ne peut pas le devenir davantage (1),
il suit de-là que les sénatus-consultes et la Charte,
en promettant le maintien des aliénations des biens
confisqués, n'ont rien ajouté, et n'ont rien pu
ajouter aux droits acquis. Ils n'ont pu que procurer
de la tranquillité d'esprit à ceux qui, ne connais-
sant pas toute la légitimité de leur propriété, auraient conçu à cet égard des inquiétudes vagues,
appréhendé la violence ou l'arbitraire. Il impor-

---

(1) Institutes, l. 2, tit. 20, § 6 et 10, et l. 4, tit. 6, § 14.

tait en effet, pour la complète sécurité de ceux-là, que celui qui gouverne l'État, qui tient la loi d'une main et le sceptre de l'autre, garantît par un gage sacré, par le serment, sa volonté de protéger les droits acquis. Voilà le seul but de la Charte; mais le droit n'est pas acquis par la Charte, il est seulement sanctionné par la Charte; la propriété est acquise d'après les principes généraux du droit. Ainsi, quand même la Charte serait méconnue ou mal interprétée, les tribunaux n'en jugeront pas moins d'après les lois et les principes, et j'ai démontré, je crois, que ces lois, ces principes protégent les détenteurs sous tous les rapports.

Examinons par quelles voies les ci-devant propriétaires pourraient rentrer dans la possession des biens confisqués. Je n'en vois et il ne peut y en avoir que trois : la violence privée, la force publique, et la bonne volonté des détenteurs.

Quant à la violence privée, une telle violence ne serait qu'un fait qui ne nous ôterait pas notre droit, et avec le droit, on peut ravoir la chose (1). Aussi, l'article 2233 du Code civil, loin d'admettre la violence privée comme moyen d'acquérir la propriété, ne l'admet même pas comme moyen d'acquérir la possession. Aussi le texte cité dit que si celui qui a acquis du fisc était dépossédé, il devrait triompher dans sa revendication. Aussi Justinien, Inst., liv. 4, tit. 2, § 1 (1), nous rapporte-t-il des

---

(1) Dig., règles du droit, loi 15.

constitutions qui font même perdre son droit de
propriété à celui qui reprend violemment sa chose
mobilière ou immobilière, au lieu de s'adresser à la
justice. La violence privée n'est donc pas légalement
à craindre, et peut même être repoussée à l'instant
par une violence contraire par voie de défense.

Quant à la force publique, elle ne peut agir sans
l'ordre du magistrat, et le magistrat ne peut la
faire agir qu'en vertu de la loi. Or, aucune loi ne
peut permettre que quelqu'un soit déjeté de sa
possession sans une cause légitime, jugée telle par
les tribunaux. Car, où chercherions-nous le respect pour la propriété, si ce n'est dans les lois?
La propriété, je le répète, est une institution de la
raison humaine; cette institution fait cesser entre
les hommes le droit commun à tous les animaux,
droit qui autorise chaque être à s'approprier,
comme il le peut, par l'adresse, par la ruse ou
par la force, ce qu'il trouve à sa convenance. C'est
de cette institution que dérive l'équité, qui consiste
à attribuer à chacun le sien. Si donc on renverse
la propriété, plus d'équité, parce qu'on n'a plus
rien à soi; sans équité, plus de justice; sans justice plus de lien entre les hommes, et sans lien
point de société. D'une autre part, l'équité faisant
place à la ruse, à l'adresse, à la force, plus de paix
entre les hommes. On conçoit, d'après cela, que
la violation arbitraire de la propriété dans une loi,
aurait des conséquences trop graves, en général,
et particulièrement si, sur 30,000,000 d'hommes,

elle en froissait l'immeuse majorité, pour que jamais un homme d'État ait la pensée de proposer, et les députés celle d'accueillir une telle loi. Je n'hésite même pas à croire que quand le ministère et les chambres seraient exclusivement composés d'émigrés, ils frémiraient tous à cette seule pensée, et repousseraient avec horreur une simple insinuation de cette nature. Si donc une loi aussi subversive est impossible, pourquoi la craindre ? Mais sous le prétexte de l'utilité publique ?.... Tout prétexte s'évanouit devant le sentiment de l'utilité publique, réelle et première, celle de conserver le corps social et la paix entre tous ses membres. D'ailleurs, l'utilité publique est celle de la majorité, et certainement l'émigration n'est pas la majorité. Il y a plus, si l'émigration avait réellement conservé des droits de propriété, et j'ai démontré qu'il n'en est rien, elle devrait, pour l'utilité publique, en faire le sacrifice, sauf l'indemnité. Ainsi, ce serait sans aucune raison plausible que l'on s'inquiéterait sur des prétentions qui ne peuvent qu'être vaines, puisque ni la violence privée ni aucune loi ne peuvent les appuyer.

Enfin, quant à notre bonne volonté, elle est à nous; elle se détermine, ou par le sentiment de notre intérêt personnel, ou par l'impulsion de notre conscience ou de notre cœur. Dans tous les cas, la loi l'abandonne à elle-même et ne la protége que contre la fraude ou la violence. Si donc, par des moyens exempts de fraude ou de violence, les émigrés nous sollicitent ou nous font solliciter de leur payer une indemnité, ou de leur relâcher les biens venant d'eux, pour le prix d'achat; si, oubliant que l'émission des assignats n'était qu'un emprunt forcé, et qu'en payant l'État avec sa propre monnaie que nous avions reçue de lui pour sa valeur nominale, nous ne lui avons fait aucun tort, quoique cette monnaie eût une valeur moindre pour les tiers; si, oubliant que nous n'avons pas acheté directement des émigrés, qu'ainsi nous n'avons pu également leur faire aucun préjudice; si, ne considérant dans le fait de l'émigration que la cause de notre fortune présente; si, enfin, nos sentimens ne nous permettant pas de porter plus long-temps les dépouilles du malheur, nous nous déterminons à accéder aux demandes des émigrés, nous ne pouvons pas ensuite nous en plaindre, sous le prétexte que des menaces indirectes, la crainte d'un danger chimérique, des suggestions captieuses, auraient amené en nous une telle détermination; car la loi n'admet d'autre crainte comme propre à vicier le consentement, que celle qui peut ébranler un homme ferme et constant, d'autre dol que celui qui peut surprendre un homme attentif. Il y a donc libre volonté dans l'esprit de la loi, et nous sommes valablement dépossédés à ses yeux.

CHAPITRE II.

De l'Indemnité.

UNE loi d'indemnité en faveur des émigrés a été proposée, par le gouvernement, aux chambres; elle a été discutée et admise par la chambre élective. Dans la discussion, des députés appartenant à l'émigration et appelés en cette qualité à prendre une part de l'indemnité, ont été récusés comme ne devant pas juger dans leur propre cause. Il a été répondu que, comme députés, ils avaient le droit de concourir à toutes délibérations soumises à la chambre. Je vais donc examiner d'abord la question d'incompétence, parce que tel est l'ordre des discussions judiciaires ; ensuite je m'occuperai de l'indemnité en elle-même.

SECTION PREMIÈRE.

Les députés émigrés ont-ils été juges dans leur propre cause?

Je ne me permettrais pas de publier un doute à ce sujet, si le projet avait déjà reçu le caractère de loi ; mais ce n'est encore qu'un projet, un jugement de première instance susceptible d'être critiqué par les parties intéressées, jusqu'à ce qu'il ait été infirmé ou confirmé par la cour.

Au premier aperçu, je vois une délibération ayant pour objet la question de savoir si l'État devra donner une indemnité aux émigrés, relativement à la confiscation de leurs immeubles, et ma raison est heurtée à la pensée que des députés qui sont appelés, comme émigrés, à toucher une part de cette indemnité, aient pu valablement déposer, comme députés, leurs suffrages dans la balance de la délibération.

Cependant, pour ne pas me déterminer d'après la première impression, examinons l'affaire sous tous ses rapports, et surtout recherchons des exemples analogues dans notre législation; puisque la Charte se tait sur ce cas.

. En général, une loi n'est qu'un jugement, car c'est l'expression de la volonté publique, précédée d'une délibération qui éclaire et détermine cette volonté. Elle est un jugement, parce qu'elle oblige chaque citoyen en particulier à l'exécuter; et si on la considère comme une convention, elle est encore un jugement, parce que, dans les conventions, les contractans s'obligent, se condamnent eux-mêmes.

Une volonté qui oblige est tellement un jugement, elle produit tellement les mêmes effets qu'un jugement, que les Romains appelaient *jugement* la dernière volonté d'un testateur, parce que l'héritier institué était forcé de l'exécuter. Aussi appe-

3

laient-ils legs par *condamnation* celui que l'héritier devait lui-même acquitter, pour le distinguer des legs que le légataire pouvait prendre ou
prélever lui-même. Aussi disaient-ils que l'héritier
avait été *condamné* à donner, à faire ou à ne
pas faire quelque chose.

Quel rapprochement peut être fait plus justement que celui d'une dernière volonté avec une
loi? La volonté du disposant est la dernière,
elle est suprême; elle n'est pas révocable, et elle
oblige l'héritier. La loi est également la volonté
suprême des citoyens, elle n'est pas appelable, et
elle oblige chaque citoyen en particulier.

Si donc la volonté des citoyens a le même
caractère que celle d'un testateur, produit le même
effet; si la volonté du testateur prend la qualification de jugement, pourquoi la loi ne serait-elle
pas aussi un jugement?

Mais quoi qu'il en soit des mots, voyons quel
effet produira la délibération de la chambre si
elle devient loi.

Le député qui vote pour l'adoption d'un projet, veut par-là que les citoyens l'exécutent. Cette
volonté oblige à l'exécution, et on ne peut s'y soustraire. Donc le député qui veut condamne; le député émigré qui veut qu'on donne aux émigrés,
veut donc qu'on lui donne à lui-même, condamne
donc à donner à lui-même. Dans le cas particulier,
c'est le trésor qui donnera, mais les citoyens seront obligés de donner au trésor. Le député émi-

gré ne fait donc pas autre que dire : Je condamne la France en masse et chaque citoyen en particulier, à me donner une indemnité.

Voyons à présent si celui qui est compétent pour connaître de tout ce qui est déféré à ses fonctions, retient cette compétence même dans les affaires qui lui sont personnelles, et si la règle générale de compétence ne reçoit pas des exceptions.

1°. L'État est un mineur ayant pour tuteur le roi, et pour conseil de famille les chambres; or, en général, tous les parens et alliés du mineur sont membres du conseil de famille, et, comme tels, habiles à délibérer. Cependant l'article 442, § 4, du Code civil, exclut du conseil de famille les parens qui ont eu un procès grave avec le mineur.

En général, le tuteur est chargé de tout ce qui concerne la personne et les biens du mineur. Cependant les articles 423 et 426 du Code civil lui interdisent de voter pour la nomination et la destitution du subrogé-tuteur, parce que celui-ci est, dans l'intérêt du pupille, l'adversaire du tuteur.

Chez les Romains, quand un tuteur avait une contestation avec le pupille, ou à traiter avec lui pour une cause quelconque, il ne pouvait l'autoriser, et on nommait à cet effet un curateur; aujourd'hui il en est de même, avec cette différence seulement qu'au lieu d'un curateur c'est le subrogé-tuteur qui représente et remplace le tuteur dans tous les cas où les intérêts de celui-ci sont en opposition avec ceux du pupille.

2°. En général, tous les créanciers d'un failli sont appelés à délibérer sur le concordat; cependant l'article 520 du Code de commerce en exclut ceux ayant une hypothèque ou un gage. C'est sans doute parce qu'ils n'ont pas le même intérêt que les autres, ou plutôt parce qu'ils n'en ont point, n'ayant rien à perdre. Ce même Code punit ceux qui, n'étant pas créanciers réellement, concourent à la délibération pour favoriser le débiteur; d'où il suit évidemment que la loi ne permet pas plus que la raison que celui qui doit recueillir un avantage de la délibération puisse y participer ni par lui-même ni par personnes interposées.

3°. Il est de règle générale que le membre d'un tribunal est en cette qualité appelé à connaître de toutes les causes soumises au jugement de ce tribunal. Cependant le titre 21 du livre 2 du Code de procédure civile est tout entier consacré au mode de récusation du juge qui, quoiqu'il n'ait pas un intérêt direct à la cause, y a cependant un intérêt indirect, ou à des motifs de ressentiment contre l'une des parties. A plus forte raison est-il donc récusable quand il y a un intérêt direct. Il est en effet prenable à partie, et le jugement auquel il a participé est rétracté.

4°. En général, un notaire est habile à recevoir des actes pour tous ceux qui se présentent devant lui ; cependant la loi lui interdit d'en recevoir pour ses parens et alliés jusqu'à un certain degré, et à plus forte raison pour lui-même. Un tel acte serait radicalement nul.

5°. Je pourrais encore présenter une multitude d'autres exemples, mais je finirai par ceux-ci :

En général, un maire est habile à donner ou refuser des certificats. Cependant un maire ayant refusé un certificat d'indigence à son adversaire qui avait besoin de ce certificat pour suivre son procès en cassation, celui-ci s'est plaint à la Chambre, et la Chambre, rendant hommage au principe que nul ne peut être valablement juge dans sa propre cause, a renvoyé la pétition au ministre compétent.

Enfin M. Manuel n'a pas voté dans la délibération qui l'a exclu. Seconde confirmation, de la part de la Chambre, du principe que je développe.

De tous ces exemples, je conclus que non-seulement la raison, mais aussi la loi ne veulent pas qu'un fonctionnaire quelconque puisse valablement participer à tout acte, à toute délibération dans lesquels il a un intérêt contraire, et qu'un acte vicieux dans son essence puisse produire aucun effet; qu'en pareil cas il faut recommencer l'acte tout comme s'il n'existait pas. En reprenant l'exemple des créanciers qui délibèrent sur le concordat, je remarque que, dans la question d'indemnité, les émigrés, non-seulement n'ont rien à perdre, et, sous ce premier rapport, n'ont pas un

intérêt commun avec les autres Français, mais encore ont à recevoir, tandis que les autres ne recevront rien. Je dis qu'ils n'ont rien à perdre, parce
qu'une partie de ce qu'ils recevront comme émigrés compensera ce qu'ils auront payé comme les
autres Français, et que le surplus sera bénéfice.

SECTION DEUXIÈME.

Une indemnité est-elle due? si elle ne l'est pas,
est-il politique de l'accorder?

En démontrant que les émigrés avaient encouru
l'expropriation justement forcée de leurs biens,
j'ai, par-là même, démontré qu'une indemnité ne
leur est due ni d'après le droit civil, ni d'après l'é-
quité naturelle. En effet cette confiscation ayant eu
lieu à titre d'indemnité due par eux au corps social
français, il est évident que ce corps social n'est pas
devenu débiteur, que seulement il a cessé d'être
créancier. Aussi ne demande-t-il rien aux émigrés.

Quant à eux, demandent-ils? non. On leur offre
et ils se montrent disposés à accepter. Cela est très-
naturel. Quel est le motif de cette offre? il faut,
pour se l'expliquer, remonter aux causes qui peuvent l'avoir fait naître et voici comment je vois ces
causes.

Le peuple français était anciennement divisé en
trois castes, les plébéiens, les nobles et le clergé
Ces deux dernières castes avaient des priviléges,
pour elles et leurs biens. Ces priviléges consistaient

dans un droit de préférence et d'exclusion pour les emplois publics, et dans l'exemption des charges publiques. En sorte que le tiers-état ou les plébéiens étaient éloignés des emplois et supportaient les charges.

Les priviléges n'ont pas existé de tout temps. L'égalité des hommes devant la loi a toujours été regardée comme une chose conforme à l'équité naturelle, car le mot équité ne signifie pas autre chose qu'égalité; mais les priviléges ont d'abord eu une cause conforme à cette équité, en ce qu'ils ont d'abord été accordés à ceux qui avaient rendu des services à leur patrie; ce n'était donc qu'une récompense, qu'un échange d'un avantage contre un service, et rien n'est plus conforme à l'équité que de rendre l'équivalent de ce qu'on a reçu. Mais les priviléges ne tardèrent pas à devenir des abus ; on les acquit ensuite non par des services, mais à prix d'argent, et on finit par les usurper. Tel était l'état des choses en 1789, quant aux priviléges.

Alors l'État devait beaucoup, il fallait payer, le tiers-état était pauvre, les nobles et le clergé étaient riches, mais avaient leurs priviléges. On en proposa la suppression. Cette proposition était juste, puisqu'elle tendait à rétablir l'empire de l'équité naturelle qui n'aime pas les priviléges ou l'inégalité ; mais les castes privilégiées avaient tellement été familiarisées avec ces priviléges, par le cours du temps et même par la conduite obséquieuse du tiers-état, qu'il leur sembla d'abord qu'on voulait porter atteinte à une partie de leur existence, de leur être, et cette malheureuse impression du temps et de l'habitude leur fit apparaître comme une injustice, comme une perturbation de l'ordre de la nature, ce qui n'était au fond que le rétablissement de l'ordre et de la justice. Ils s'y refusèrent donc. La peur les fit ensuite expatrier, et chacun sait tous les maux qui s'ensuivirent, et pour les émigrés eux-mêmes et pour les Français qui étaient restés en France. Le coup le plus terrible pour les émigrés fut la confiscation de leurs biens.

Aujourd'hui, ceux d'entre eux qui n'ont pas succombé en émigration sont tous rentrés en France. Le ministère voit la France heureuse, il la voit riche. Il considère sans doute, et selon moi, avec raison, que la révolution est le fruit du temps plutôt que de l'injustice volontaire et réfléchie des hommes; que conséquemment tous doivent se pardonner et chercher à se donner réciproquement des gages et des preuves de l'oubli du passé.

Il considère que ceux des émigrés dont les biens n'ont pas été aliénés, les ont recouvrés; que d'autres n'ont rien recouvré parce que tout a été vendu; pour rendre égale la condition de tous, pour ôter aux fruits de la révolution ce qu'ils peuvent avoir encore de trop amer pour une portion notable des membres de la grande famille, pour étouffer le souvenir du passé chez les uns, l'inquiétude pour, l'avenir chez les autres, rendre aux biens confisqués la même faveur qu'ont les biens patri- moniaux dans les transactions ; enfin, pour mettre, par ce double résultat, le sceau à la réconciliation entre les Français non-émigrés et les Français émi- grés, le ministère propose à la France entière d'accorder une indemnité aux émigrés.

- Comme l'on voit, ce ne peut être que par esprit de paix, non pour faire entendre que c'est une dette réelle que la France doive acquitter. C'est un acte de munificence que le ministère propose à la France à l'égard des émigrés. Du moins c'est en ce sens que je l'interprète, et je suis loin de blâmer un tel acte si les finances et les charges de l'État le permettent. Je voudrais même que l'on indemnisât tous ceux qui ont notablement souffert dans leurs biens par l'effet de la révolution, et que l'indemnité qu'il sera possible de donner fût répartie entre tous sans distinction ; car si les priviléges sont odieux, c'est surtout dans le malheur. L'humanité ne fait pas acception de personnes. Qui, d'ailleurs, ignore que les distinctions sont la cause des haines; que les hommes, tout en reconnaissant et adorant l'Être- Suprême, se haïssent et se font la guerre, parce qu'ils le reconnaissent sous différens noms, l'ado- rent sous des formes diverses ? qui oubliera no- tamment que les distinctions entre les hommes, que les priviléges, que les dettes de l'État, sont la cause de notre révolution, de cette catastrophe inouie, devenue aussi terrible pour les privilégiés

que pour les non - privilégiés ? qui ne sent que
ressusciter les priviléges, accabler l'État de charges, ce serait semer le germe d'une autre catastrophe plus ou moins éloignée, plus ou moins terrible? L'émigration serait-elle donc assez aveugle
pour solliciter ou accepter un présent aussi perni-
cieux pour toute la nation ?

Mais selon les apparences l'émigration ne considère pas cette offre comme un don, un gage de
paix et de réconciliation ; elle ne la regarde, à en
juger par son langage, que comme une dette que
l'on acquitte envers elle, et si l'on ne prenait pas
bien ses précautions dans la rédaction de la loi, il
n'y aurait pas de raison pour que les émigrés ne
disent un jour, après avoir reçu un milliard :

« La France a reconnu nous devoir une indem-
» nité à cause de la confiscation de nos biens, elle
» nous a d'abord donné un milliard, parce que ses
» facultés ne lui permettaient pas alors de nous
» donner plus. Nous lui avons fait remise du reste.
» Aujourd'hui elle est revenue à meilleure fortune.
» Il faut qu'elle nous satisfasse entièrement, parce
» que telle est la disposition de la loi en fait de
» concordat entre créancier et débiteur. »

Sans doute on sait à quoi s'en tenir sur cette pré-
tention que c'est une dette, car, si c'était une dette,
ils ne l'auraient pas laissé prescrire et en auraient
plus tôt formé la demande chacun pour ce qui le
concerne. Ils n'ont pas même demandé. On leur
offre. On entend donc bien leur faire un cadeau,

et dès qu'ils n'exigent pas, ils regardent donc bien au fond de leur ame cette offre comme un cadeau, comme une bonne fortune.

Mais si on laisse à la loi de l'ambiguité sur l'esprit dans lequel elle a été conçue ; si on ne lui imprime pas un caractère certain et bien prononcé ; si on n'énonce pas que ce n'est pas une dette de droit ni de conscience, mais bien un dette du cœur que cette loi propose d'acquitter ; si on n'énonce pas que c'est un don de réconciliation ; qu'il leur est fait pour leur prouver que la France oublie le passé et sous la condition qu'ils l'oublieront aussi ; il est hors de doute que cette loi servira de point d'appui aux émigrés pour demander encore, et qu'ils ne s'arrêteront dans leurs demandes que devant l'impossibilité d'obtenir.

Je ne doute donc pas que si la Chambre des pairs trouve la loi utile et d'une exécution possible ; que si elle y voit un gage de paix et de sécurité au lieu d'une source de jalousie et de discorde civile, elle ne l'adoptera qu'avec une qualification non équivoque et tranquillisante pour l'avenir, de telle manière que si la France fait un sacrifice, elle parvienne immanquablement au but qu'elle se propose en le faisant.

CHAPITRE III.

Des Dettes des Émigrés.

Puisque j'ai examiné la position de l'émigré avec l'acheteur, sa position avec le fisc, je vais, pour compléter l'examen de toute la matière que me fournit le texte cité, m'occuper aussi des dettes des émigrés. Mais je ne me bornerai pas à parler du créancier hypothécaire, il en est d'autres qui ne méritent pas moins d'intérêt et dont cependant le projet de loi, en les oubliant, ou les écartant, rend la situation très-périlleuse.

Ce chapitre va donc embrasser deux sortes de créanciers, ceux qui avaient prêté long-temps avant l'émigration et sans la contemplation de l'émigration, et ceux qui ont prêté pour et durant l'émigration, ce qui fera l'objet de deux sections.

Dans une troisième, j'examinerai s'ils ont droit à l'indemnité spécialement, ou s'ils n'ont conservé qu'une action personnelle contre leur débiteur.

SECTION PREMIÈRE.

Des créanciers antérieurs à l'émigration.

Ceux-là n'ayant pas prêté dans la vue de l'émigration, leurs droits doivent nécessairement être réglés d'après les principes ordinaires. C'est que leurs créances étaient prescriptibles nonobstant l'émigration survenue depuis. Mais il ne faut pas confondre la date du titre avec l'échéance de la dette : car, comme le dit l'article 2262 du Code civil, c'est l'action qui est prescriptible par trente ans. Si donc j'ai reçu de Paul une promesse écrite de me payer telle somme à jour fixé, et que ce jour soit éloigné de trente ans, jusque-là, j'ai une obligation en ma faveur, mais je n'ai point encore d'action, parce qu'en effet, je ne puis pas encore agir contre mon débiteur, et c'est ce qui donne lieu à cette locution vulgaire, *qui a terme ne doit rien.* Mais, si après l'échéance, et lorsque mon action a pris naissance, je laisse ensuite écouler trente ans sans l'exercer, elle est prescrite, c'est-à-dire, ne peut plus être exercée, et par suite je perds ma créance, mon obligation.

Ainsi, toutes celles des créances antérieures à l'émigration, et qui n'étaient exigibles qu'à une époque telle que, depuis cette époque, il ne se soit pas encore écoulé trente ans, jusqu'à ce jourd'hui, conservent encore leur valeur, l'action personnelle qui en résulte est entière, et peut être exercée sans crainte de la prescription.

Quant à celles de ces créances qui se sont prescrites durant l'émigration, elles ne sont pas moins irrévocablement prescrites, parce que l'absence survenue du débiteur n'a pas interrompu le cours de la prescription.

SECTION DEUXIÈME.

Des créances pour et durant l'émigration.

Il est évident que si l'on part, pour supputer le temps de la prescription de l'époque où ces dettes ont pris naissance, la prescription est acquise pour la plupart. Mais voyons si, en accordant le motif de la prescription avec la prescription même, si, en interprétant la loi selon l'équité naturelle, il n'en résultera pas que la prescription n'est pas encore acquise.

L'article 2257 du Code civil fait courir la prescription à compter du jour fixé pour le paiement.

Quand l'exigibilité dépend d'un événement, d'une condition, il ne la fait courir que du jour de l'événement, de la condition.

D'une autre part, il résulte de l'article 1186 du Code civil, que ce qui est dû sans terme est exigible de suite.

Mais, pour qu'il n'y ait pas de terme, il faut: 1° qu'il n'y en ait point d'écrit; 2° qu'il ne soit pas entré dans la commune intention des parties qu'il y ait un terme, car l'article 1156 du Code veut que l'on recherche la commune intention des parties dans l'interprétation des conventions, surtout dans les contrats de bonne foi, et cette commune intention résulte de la cause et de la fin du contrat et des circonstances qui l'ont accompagné. Nous trouvons de nombreux exemples de cette interprétation, quant au terme, et dans les lois romaines et dans le Code civil.

Dans la loi romaine, notamment au § 27 et dern. du titre XX *de inutilibus stipulationibus*. Inst. de Justinien.

Et dans le Code civil, notamment aux articles 1888, 1899 et 1900.

La prescription ayant été introduite en haine de la négligence, et la négligence ne pouvant commencer que du jour où l'on a pu demander, selon la convention expresse ou tacite, le juge, pour savoir quand la prescription a commencé à courir, est donc appelé à examiner depuis quand le terme était échu, soit d'après la convention expresse, soit d'après la convention tacite et présumable des parties.

Ainsi, je vous prête mon cheval pour un voyage; je ne prescris pas quand vous me le rendrez; en conclura-t-on que je puis vous le reprendre à l'instant? Non; je ne puis vous le redemander qu'à votre retour. Cela résulte tout à la fois et de la définition de l'article 1875 et de celle de l'art. 1888.

Ainsi encore, je vous prête du blé, de l'argent, sans convenir du jour de la restitution; en ce cas, nous en convenons tacitement et d'après les circonstances, et alors, ou le prêteur attend de bonne foi le terme convenu tacitement, ou le juge intervient et supplée à cette bonne foi, en déterminant lui-même un terme fixe d'après les circonstances (Code civil, 1900 et 1901), et ce n'est qu'à partir de

ce terme que commencent la négligence et le cours
de la prescription.

. En appliquant ces principes aux prêts faits pour
l'émigration et durant l'émigration, il me semble,
à l'égard des premiers, qu'en général le prêt fait
pour un voyage est fait avec la commune intention
que les deniers prêtés ne seront exigibles et resti-
tuables qu'après le retour, et que si, de prime
abord, le prêteur demandait son remboursement,
le juge interprétant leur commune intention, ac-
corderait à l'emprunteur un temps qui serait cal-
culé sur la durée probable du voyage selon son but
et ses motifs ; et qu'en particulier, ceux qui ont
prêté aux émigrans pour leur servir à leurs prépa-
ratifs de départ et à vivre en pays étranger, ont eu
l'intention de faire ce prêt pour tout le temps que
l'absence devrait durer, et que l'intention des émigrans a aussi été d'emprunter pour le même temps.
Or, les prêteurs ont respecté leur propre intention
en ne demandant pas. Il faut que les emprunteurs
respectent aussi la leur propre en ne faisant courir
la prescription que du jour où ils ont eu l'intention
de rendre ; autrement ils violeraient la foi, la convention tacite du contrat ; une considération mo-
rale se joint à cela, c'est que le prêt est un contrat
de bienfaisance, que d'après nos lois et les lois romaines, ceux qui abusent d'un bienfait s'en ren-
dent indignes, tellement qu'une donation est révocable pour cause d'ingratitude, et qu'autrefois
l'affranchi ingrat envers son patron était forcé de

rentrer dans la servitude. Je conclus de-là que l'interprétation de la commune intention doit être
faite, quant au terme, en faveur de ceux qui ont
procuré un bienfait, et par suite, que la prescription n'est pas encore acquise parce qu'il ne s'est
pas encore écoulé trente ans depuis que les émigrés ont pu rentrer dans leur patrie.

A l'égard des prêteurs durant l'émigration, celui
qui prêtait des deniers ou des alimens, ce qui est
la même chose dans la circonstance particulière,
savait bien que l'emprunteur était un proscrit : que
la fortune de celui-ci n'était pas sous sa main, qu'il
n'avait point de communication avec les siens, conséquemment il prêtait pour qu'il lui fût rendu
quand l'emprunteur le pourrait (Cod. civ., 1901).
Ce n'est donc que du jour où l'emprunteur est
rentré physiquement dans la possibilité de rendre,
qu'il est devenu tenu de rendre, c'est-à-dire que
la restitution est devenue exigible selon la commune intention des contractans ; et si le prêteur
eût exigé malgré ces circonstances, le juge aurait
accordé un terme conformément à l'article 190 du
Code civil ; et s'il n'a pas exigé, c'est qu'il a reconnu cette convention tacite, cette condition non
écrite de l'emprunteur qu'il ne rendrait qu'à l'é-
poque où il pourrait selon les circonstances.

La prescription n'a donc dû courir que du jour
où cette possibilité physique a existé.

Mais supposons que dans les prêts faits dans de
telles circonstances, il y ait eu un terme d'exprimé

4

dans l'écrit qui le constate, l'article 2257 du Code civil sera-t-il rigoureusement applicable, et ce terme n'est-il pas modifié par la commune intention des contractans, et n'y a-t-il pas lieu à interprétation nonobstant cette fixation expresse et écrite?

A cet égard la loi romaine n'est pas muette, elle prévoit le cas où quelqu'un étant à Rome stipule d'un autre que celui-ci lui donnera *aujourd'hui* à Éphèse. Une telle promesse étant d'une exécution impossible, devenait nulle aux yeux des anciens juristes romains qui appelaient cela une *préposté-riorité*, parce qu'en effet le terme fixé *précédait* l'échéance du temps nécessaire pour arriver au lieu du paiement qui conséquemment ne pourrait avoir lieu qu'*après* le terme écrit; mais la dernière législation romaine a maintenu de telles obligations en laissant cependant à l'obligé le terme nécessaire pour l'exécution de la promesse. Si donc nous appliquions rigoureusement le Code civil, il faudrait dire qu'en pareil cas la prescription court d'*aujourd'hui;* mais la raison ne le permettant pas, parce que la nature des choses ne le permet pas elle-même, il suit de-là que le terme fixé n'oblige pas si la nature des choses exige un plus long terme; parce qu'il a naturellement dû entrer dans la commune intention des contractans que le terme fixé fût augmenté d'autant de temps qu'il serait nécessaire pour se rendre de Rome à Éphèse, de même que dans les délais que fixent nos lois sur la procédure, il y a, indépendamment du délai principal, un autre délai à raison des distances.

On voit donc par-là que le terme fixé par écrit n'est pas toujours celui qui rend la dette exigible, quand les empêchemens qui existaient lors du contrat subsistent encore au jour fixé.

Quand on prête, on ne s'en rapporte pas essentiellement à la foi de l'emprunteur pour la reconnaissance de la dette; car l'emprunteur peut mourir ou être interdit. Il faut donc, sous ce premier rapport, un titre pour que la dette ne puisse pas être désavouée. Quant au terme convenu verbalement, il peut être plus ou moins rapproché selon que les empêchemens cesseront plus ou moins tôt. Cependant il importe au prêteur que l'emprunteur ne puisse pas alléguer des empêchemens sans cause légitime. On fixe donc un terme dans la reconnaissance, mais ce n'est pas pour exiger à ce terme si l'emprunteur ne peut rendre à ce terme, c'est seulement pour qu'il ne puisse différer si l'empêchement a cessé. Comme on voit, le terme écrit ne déroge pas au terme convenu. Il n'est écrit que conditionnellement et la commune intention reste toujours, c'est-à-dire qu'il sera prorogé si la possibilité qui est le terme convenu n'est pas encore arrivée lors de l'échéance du terme écrit. D'après cela, il faudrait donc, nonobstant le terme écrit, que le juge examinât si le terme n'était pas prorogeable d'après la commune intention des parties et

ce sont les circonstances du contrat qui , comme
je l'ai déjà dit , doivent servir de guide pour l'interprétation.

Or, je le demande , celui qui prête pour un
voyage dont la fin est incertaine , celui qui prête
à un proscrit qui ne peut rentrer dans sa patrie
qu'après que les portes lui en auront été volontai-
rément ouvertes ou qu'il les aura forcées, ne prête-
t-il pas pour jusqu'au retour, ou jusqu'à la rentrée,
quoiqu'il se soit fait délivrer un titre portant un
terme fixe ? Sa patience ne confirme-t-elle pas qu'il
a eu l'intention d'accorder ce supplément de terme,
n'est-elle pas l'exécution de la convention non
écrite ? et s'il l'a exécutée de bonne foi, l'emprunteur ne doit-il pas la respecter aussi ?

Concluons donc de-là que la prescription n'a
commencé à courir, même pour des obligations
avec terme fixé, que du jour où les causes d'impossibilité qui existaient lors du contrat ont cessé
d'exister ; qu'ainsi le veut la raison et l'esprit de
la loi , puisqu'il n'y a pas négligence tant qu'on
ne peut pas demander selon les conventions faites
quoique non écrites, parce qu'on le répète, le
contrat de prêt est un contrat de bonne foi.

Conséquemment, tous les prêts faits pour l'émigration et durant l'émigration ne sont pas inexi-
gibles par perscription, parce qu'il ne s'est pas
encore écoulé 30 ans depuis le temps où les émigrés
ont pu rentrer dans leurs foyers.

SECTION TROISIÈME.

Des droits des créanciers sur l'indemnité.

Quelle est la nature de cette indemnité ? est-ce un prix d'immeuble, est-ce un supplément de prix ; est-ce une chose purement mobilière ?

Elle a évidemment pour cause une confiscation d'immeubles, puisque tels sont les termes exprès du projet ; et c'en est le prix par conséquent. Cela entre tellement dans les vues du projet, que les droits des créanciers hypothécaires y sont réservés, et cette réserve me dévoile un fait ; c'est que les créanciers hypothécaires n'ont pas été satisfaits dans le temps par l'État ; cependant l'État ne pouvait s'approprier les biens qu'à la charge d'acquitter les dettes auxquelles ils étaient engagés ; mais si ces créanciers avaient touché jusqu'à concurrence de la valeur de leur gage, quand même ce qu'ils ont touché aurait été des assignats dépréciés, quand même ils auraient éprouvé une éviction, ils n'en auraient pas moins touché tout ce qu'ils pouvaient exiger hypothécairement. Leur hypothèque serait éteinte par l'absorption du prix de leur gage dans la monnaie du temps, et dès-lors il ne leur resterait plus que l'action personnelle si elle n'est pas prescrite, et cette action personnelle ne leur conférerait aucun privilége sur l'indemnité actuelle.

Quoi qu'il en soit, j'admets l'existence de ce droit hypothécaire ; j'admets qu'il exclue de l'indemnité les créanciers purement chirographaires ; mais exclura-t-il les créances privilégiées résultantes d'alimens fournis ? Ces créances ne doivent-elles pas au contraire primer les créances hypothécaires ? cette question est résolue par les articles 2095, 2104, 2105 et 2101 du Code civil.

Mais, me dira-t-on, cet article 2101 fixe des prescriptions d'un an et de six mois ; je réponds que c'est la conservation de la personne des émigrés qui est la cause de l'indemnité, que s'ils avaient tous succombé, il ne serait pas question aujourd'hui de cette indemnité, et conséquemment que les créanciers hypothécaires ne recevraient rien. Si donc ceux qui ont conservé la vie ont aussi par-là sauvé tout ou partie de la fortune, est-il juste que ce soit à leurs dépens, et que ceux qui ont généreusement sacrifié leur avoir n'aient pour toute récompense que le déplaisir de voir le fruit de leur générosité passer en d'autres mains ? Recourons à un autre principe qui est bien plus justement applicable, c'est celui qui donne privilége à ceux qui ont édifié ou conservé la chose. Et, puisque l'indemnité est attribuée par esprit d'équité, ne doit-on pas se conformer à l'équité pour la répartir ? car l'équité ne connaît ni délai ni prescription.

Hé bien ! je le demande, ceux qui ont prêté de l'argent pour émigrer, et je mets dans cette classe tous ceux qui ont prêté un peu avant le départ, ceux qui ont prêté de l'argent ou fourni des alimens durant l'émigration, n'ont-ils pas conservé la vie des émigrés, et ne sont-ils pas privilégiés aux yeux de la raison naturelle?

Il me semble donc qu'il eût été à désirer que le projet de loi s'occupât des dettes de l'émigration, et transformât, sous ce rapport, le droit de la raison en droit civil, en admettant à l'indemnité, en premier ordre, les dettes de l'émigration, en second ordre les anciennes dettes hypothécaires, et en troisième ordre les dettes non privilégiées qui n'emportent qu'une action personnelle, si elles ne sont pas encore prescrites.

OBSERVATIONS GÉNÉRALES.

Telles sont les réflexions que m'a fait naître le texte cité. Si on ne les admet pas, je réclame au moins cette justice qu'il n'y aurait qu'erreur de mon esprit, et que j'ai eu de bonnes intentions, car on verra, si on me lit sans prévention, qu'en exposant la situation respective de tous, je n'ai ni incriminé les actions, ni accusé les personnes, et que j'ai eu pour objet de faire connaître à chacun son droit, tel que je le vois et que la Charte veut qu'on le voie; et conséquemment d'engager les uns à abandonner d'impuissantes et injustes prétentions, les autres à ne pas les redouter, et tous à vivre tranquilles.

FIN.

www.ingramcontent.com/pod-product-compliance
Lightning Source LLC
LaVergne TN
LVHW022034080426
835513LV00009B/1048